I0815032

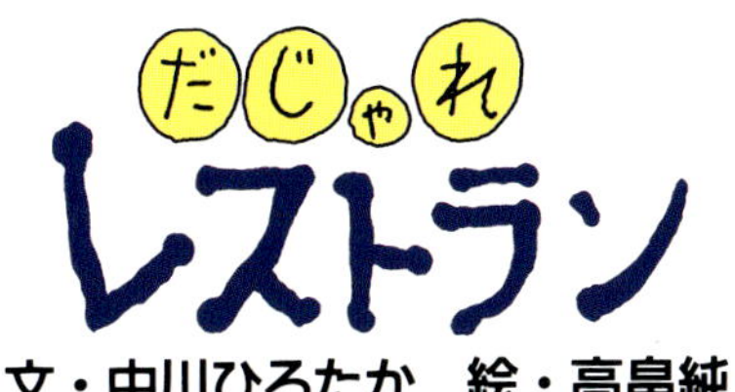

文・中川ひろたか　絵・高畠純

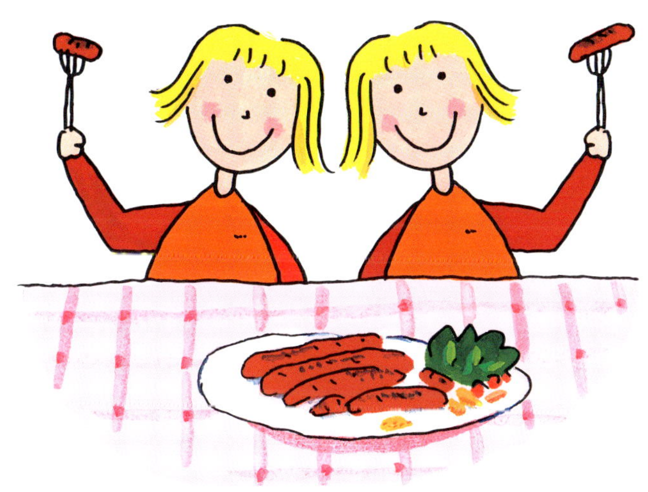

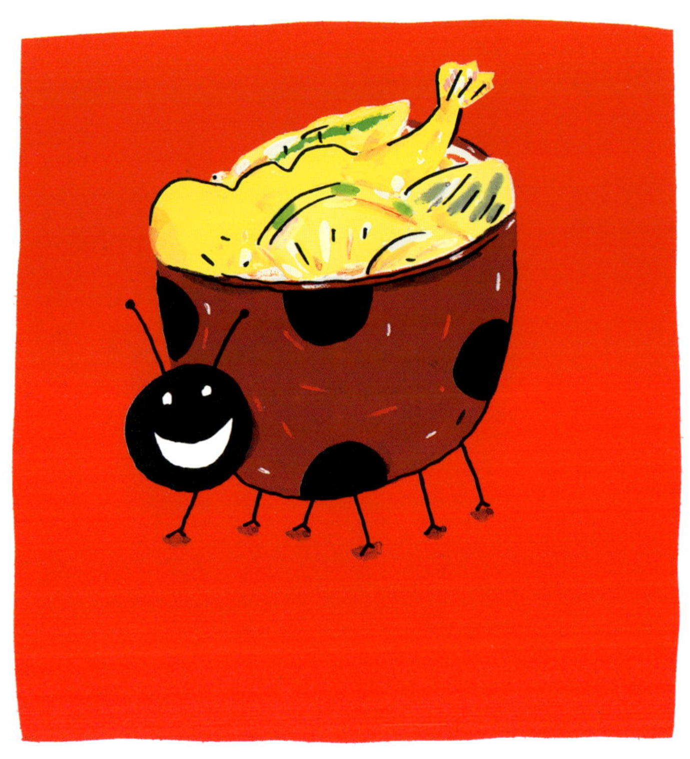

てんどんむし

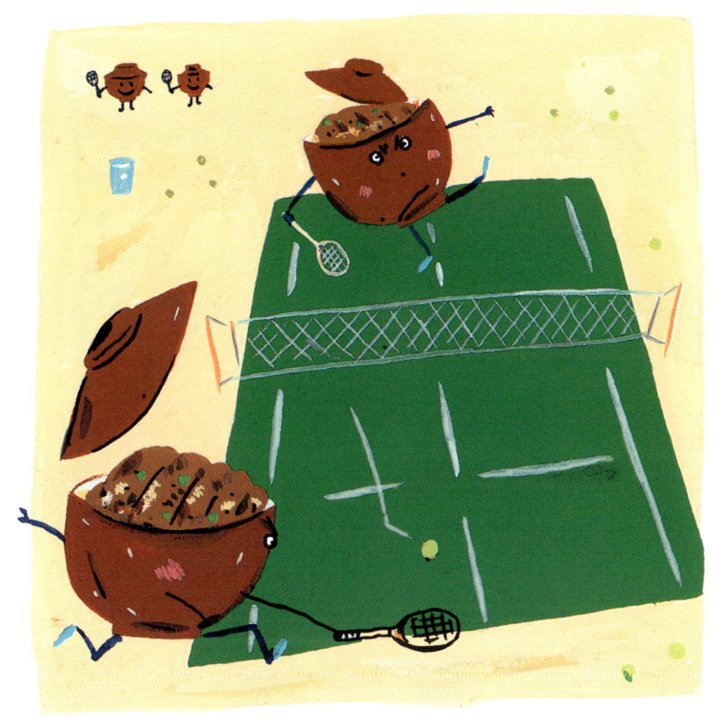

クラブかつどん

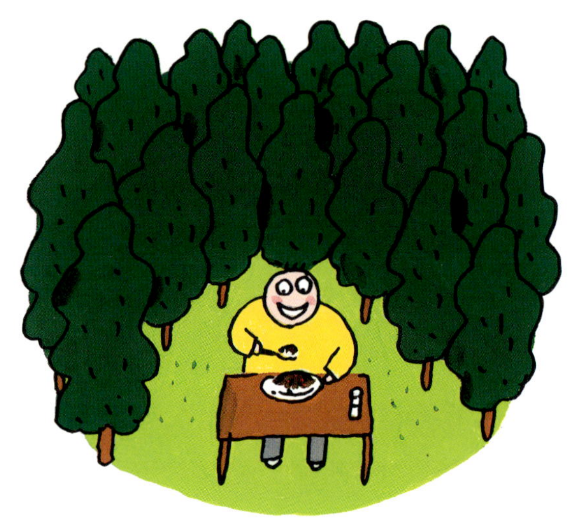

はやしライス

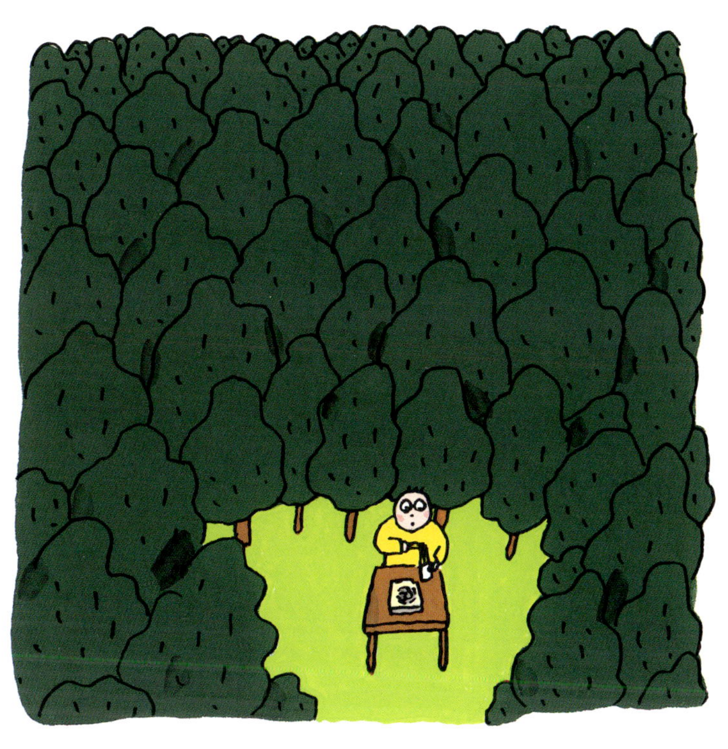

もりそば

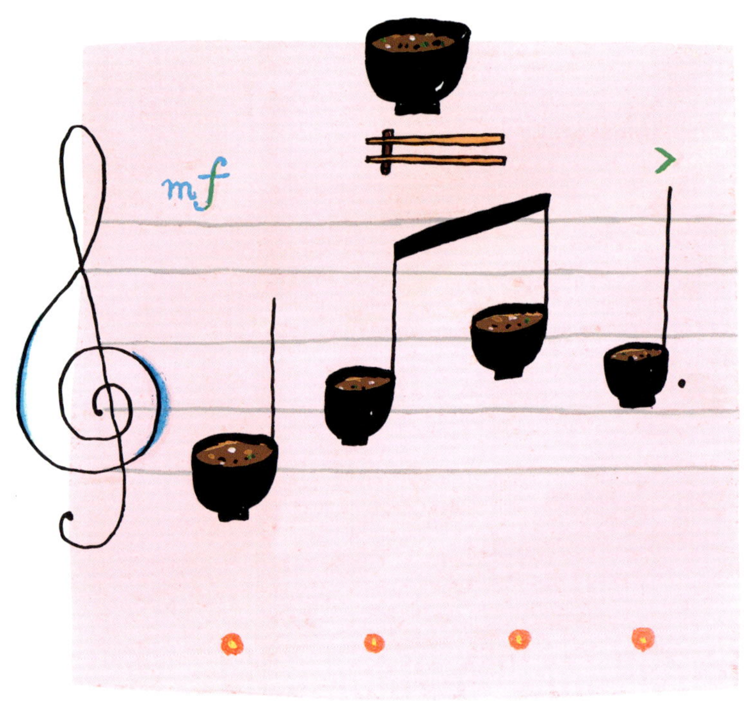

ミ ソ シ ラ

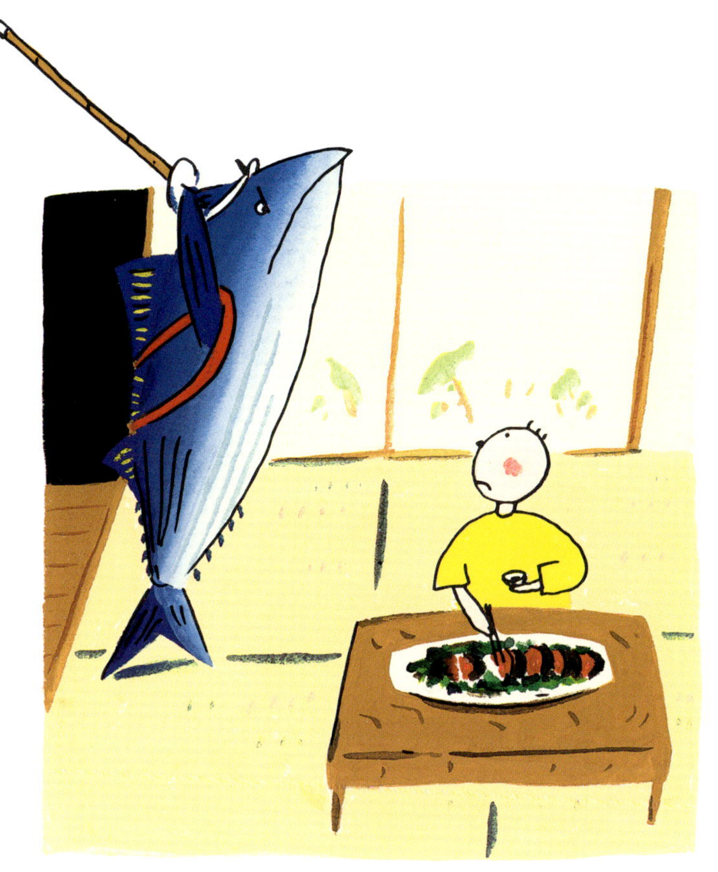

かつおのかたき

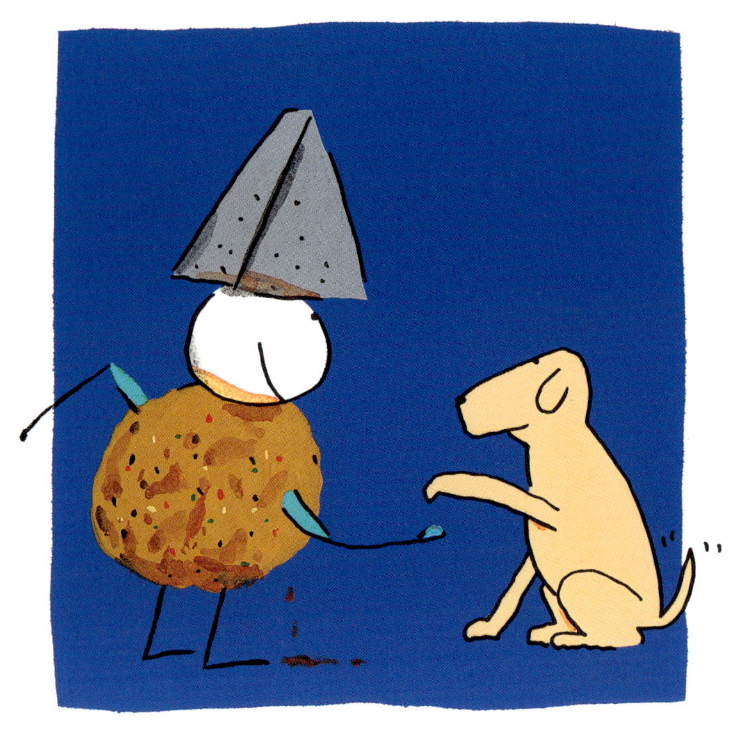

おでン

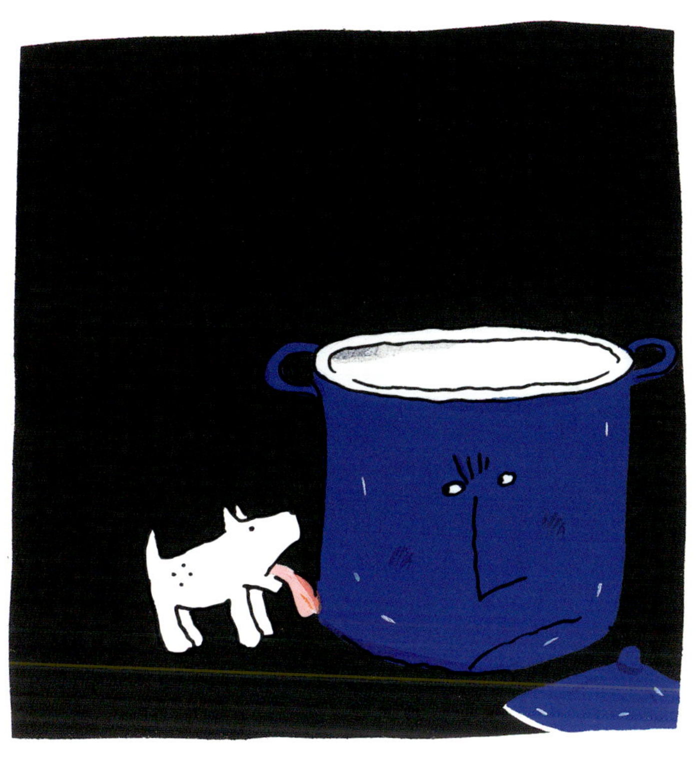

なべるな

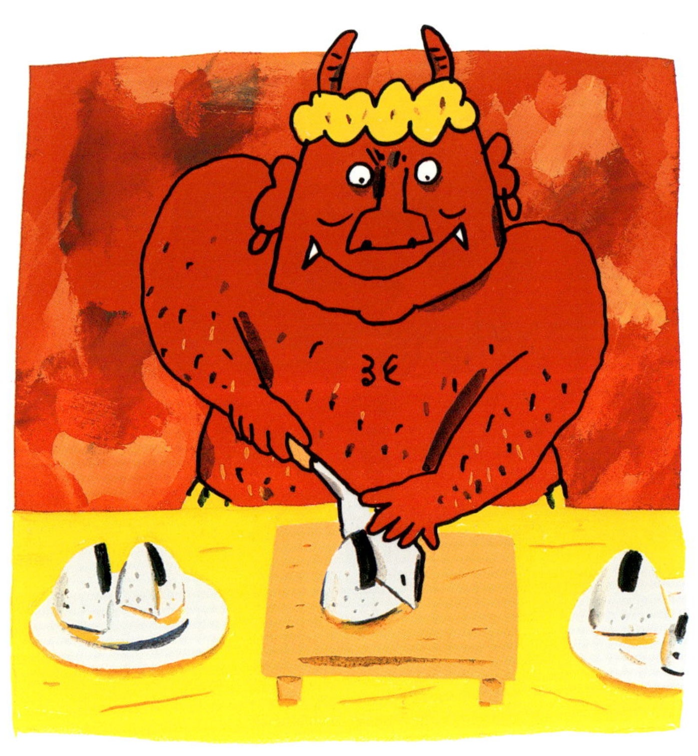

おにぎり

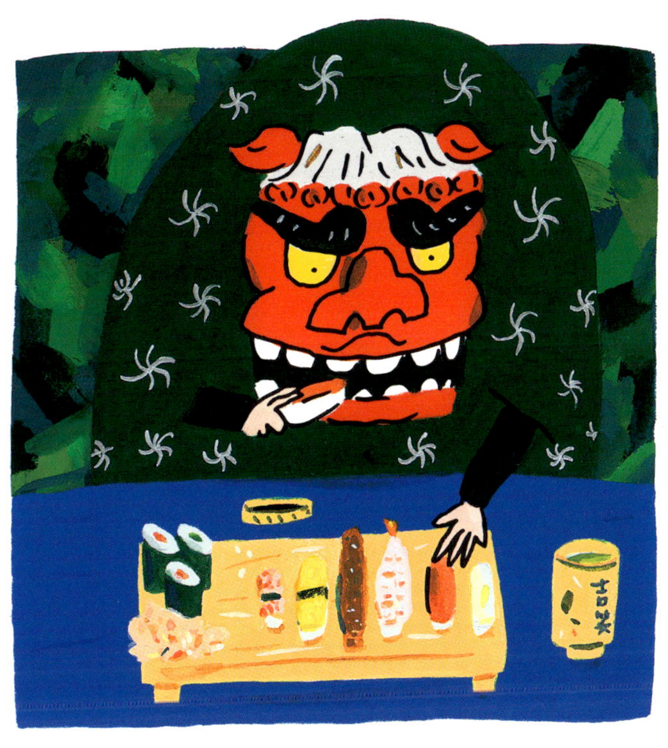

おすし

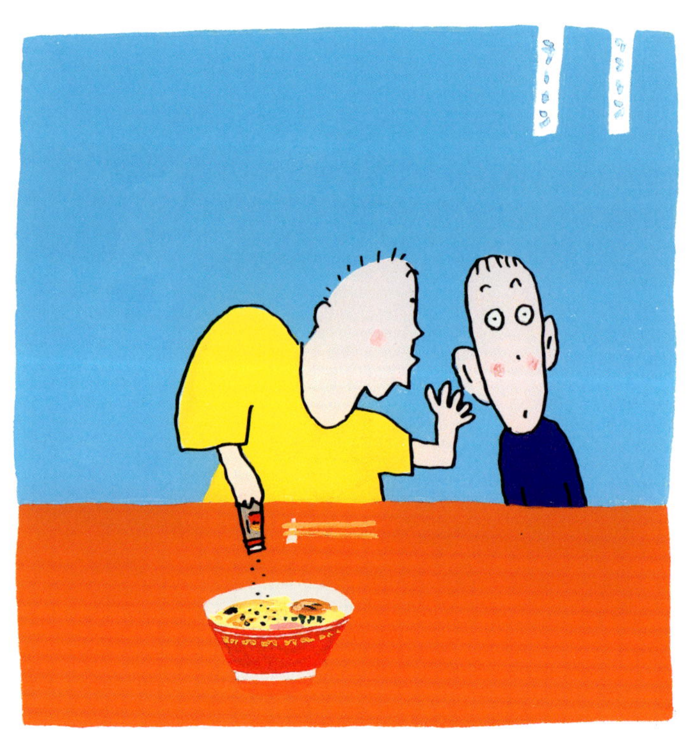

あのね、コショコショ

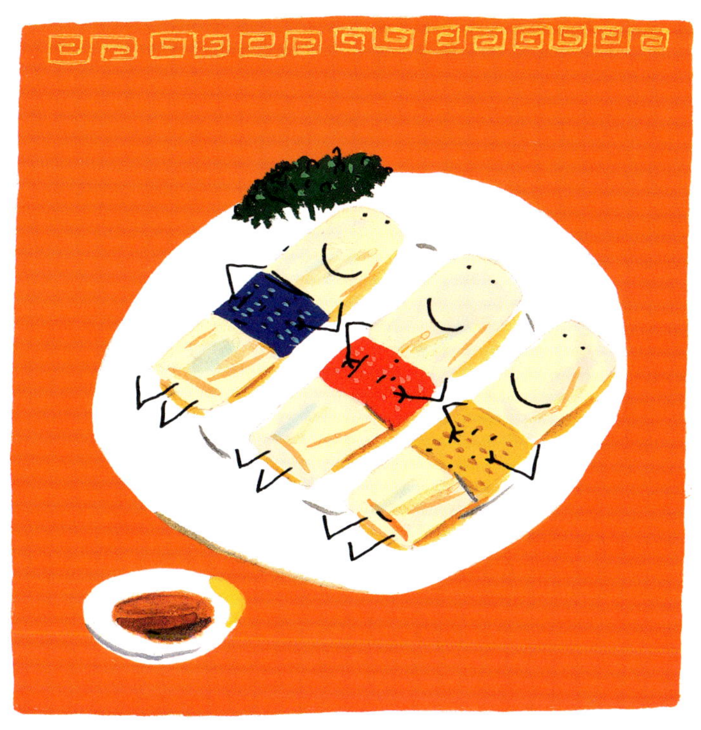

ハラマキ

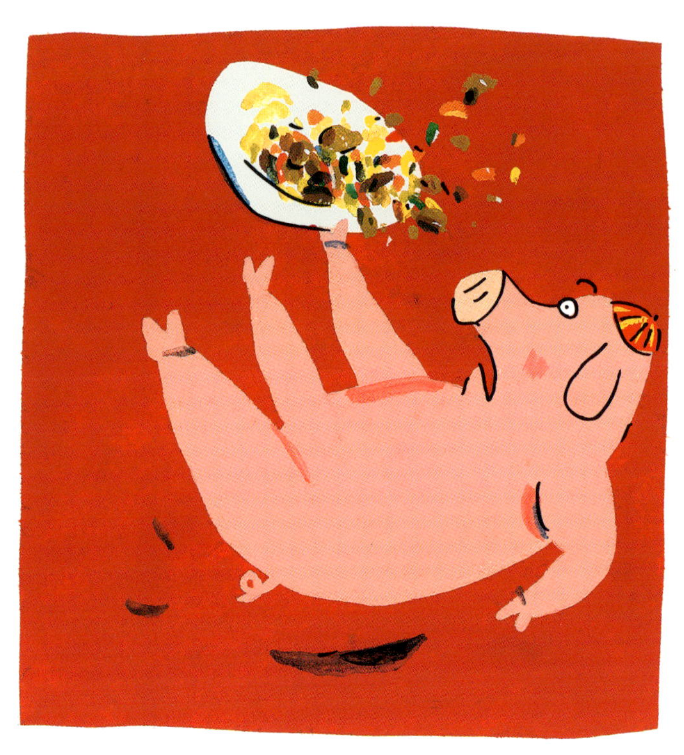

スブッタ

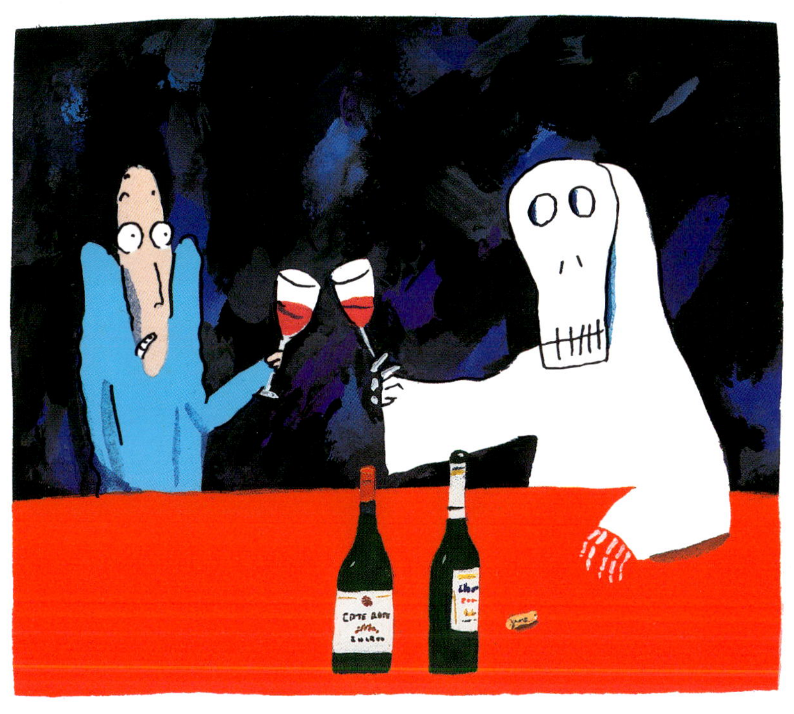

こワイン？

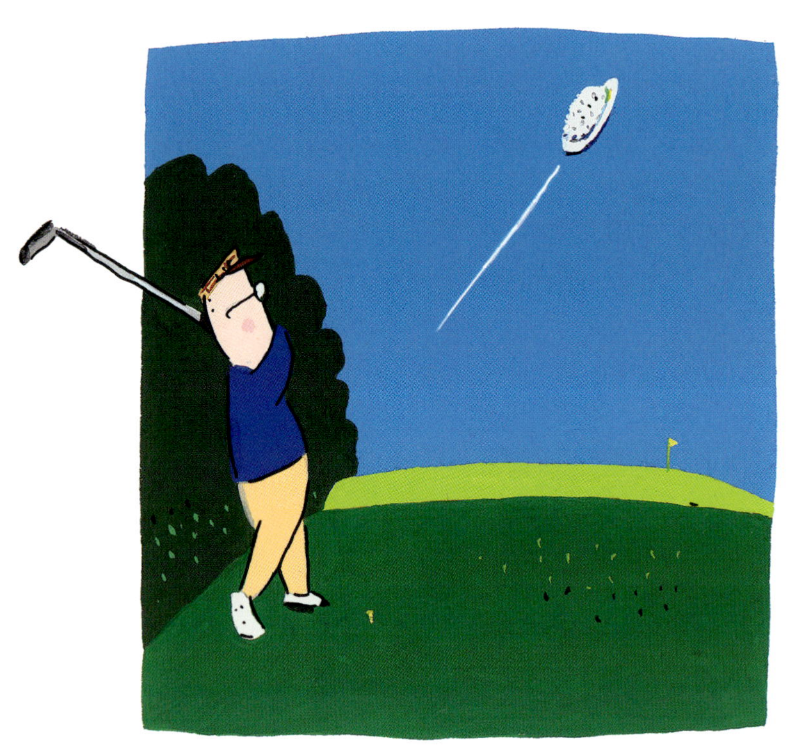

ライスショット

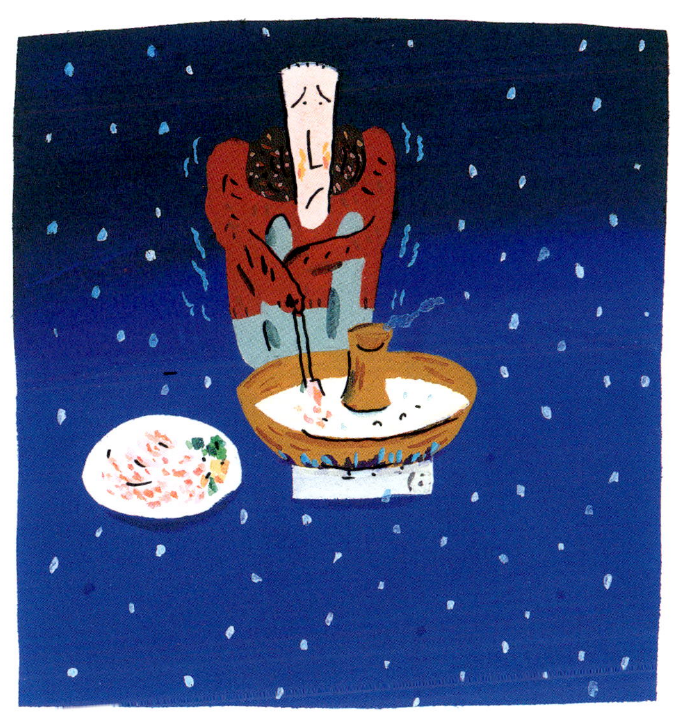

しゃぶしゃぶ

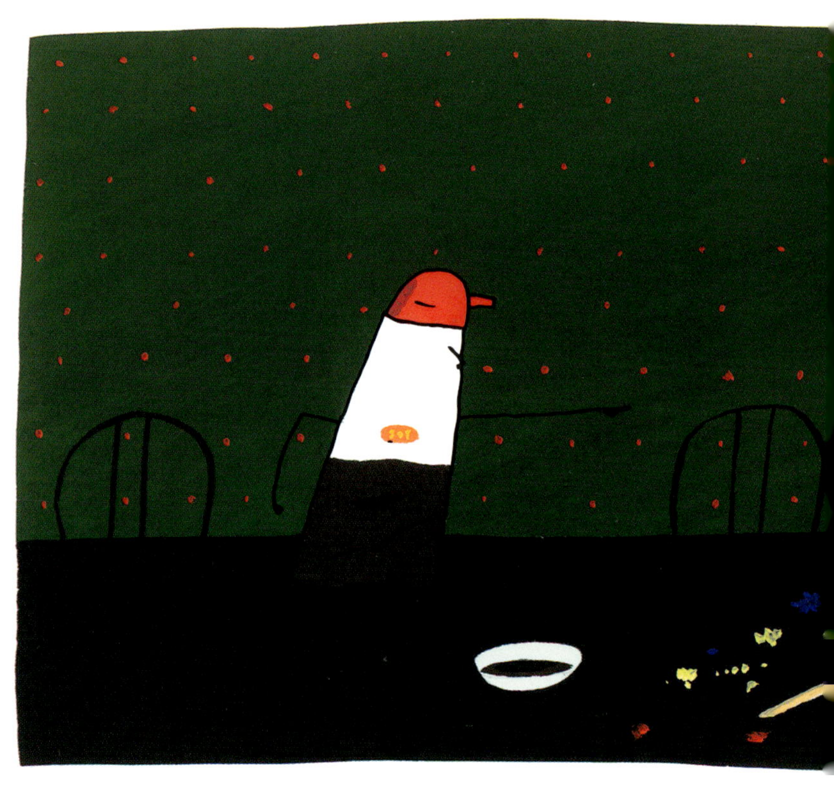

しょうゆうこと するな

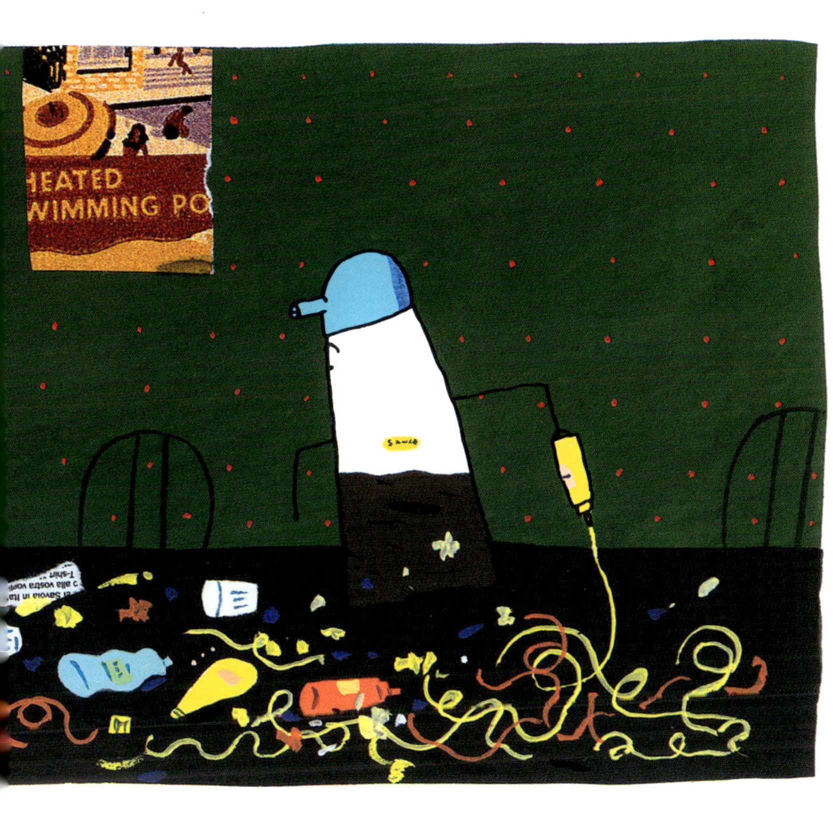

ソースか

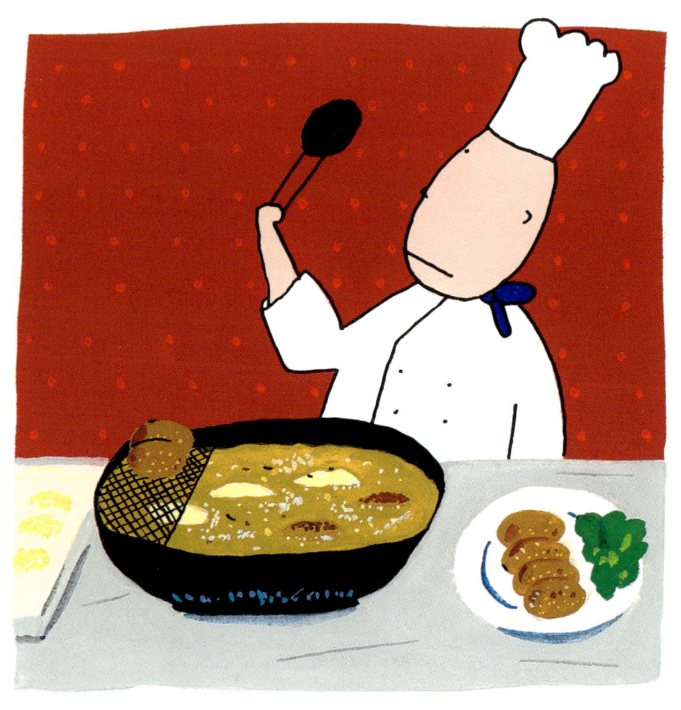

まっクロッケ

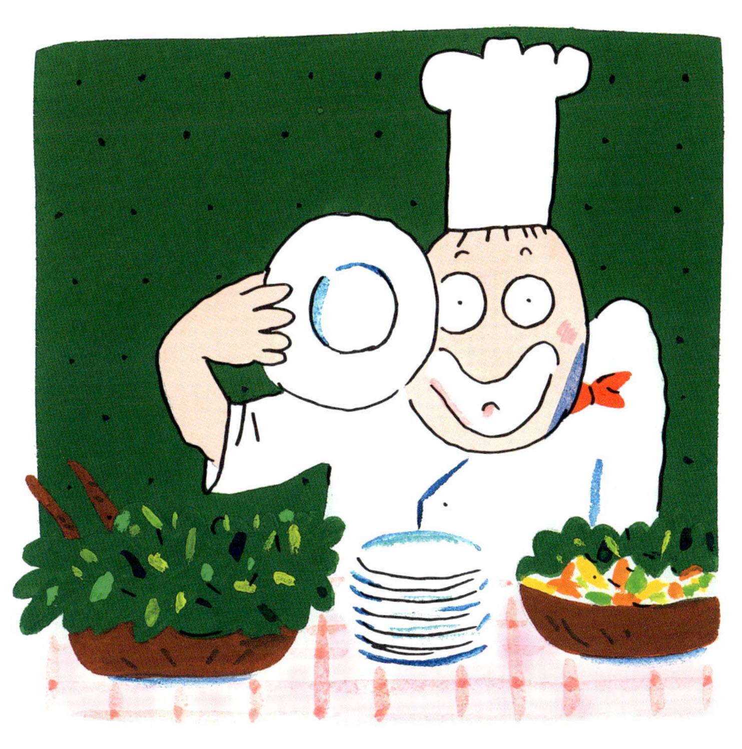

サラだバー

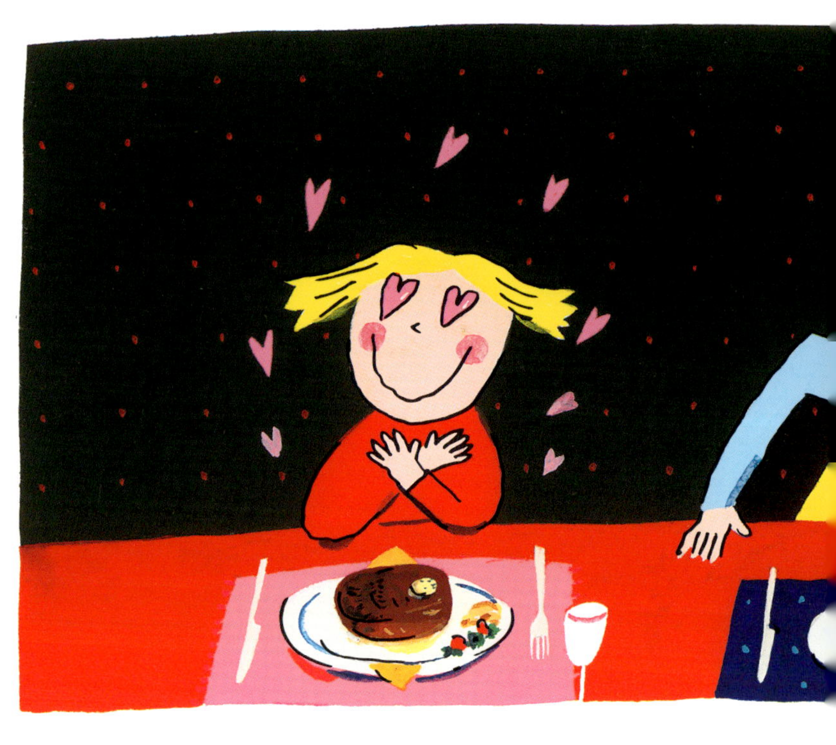

ステーキ！

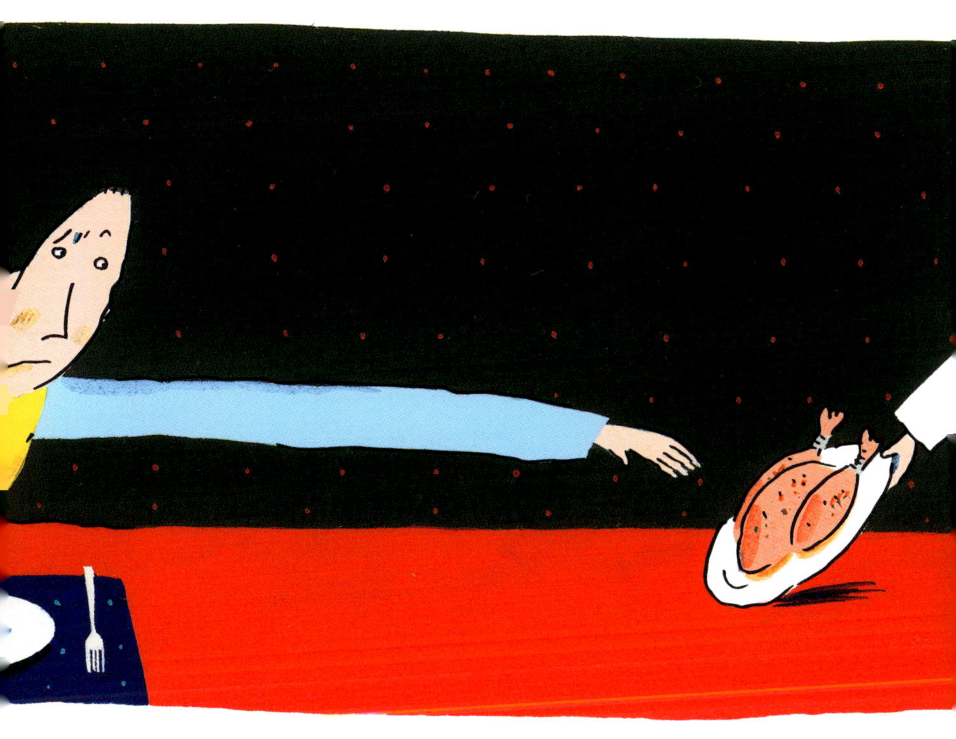

とりにくー

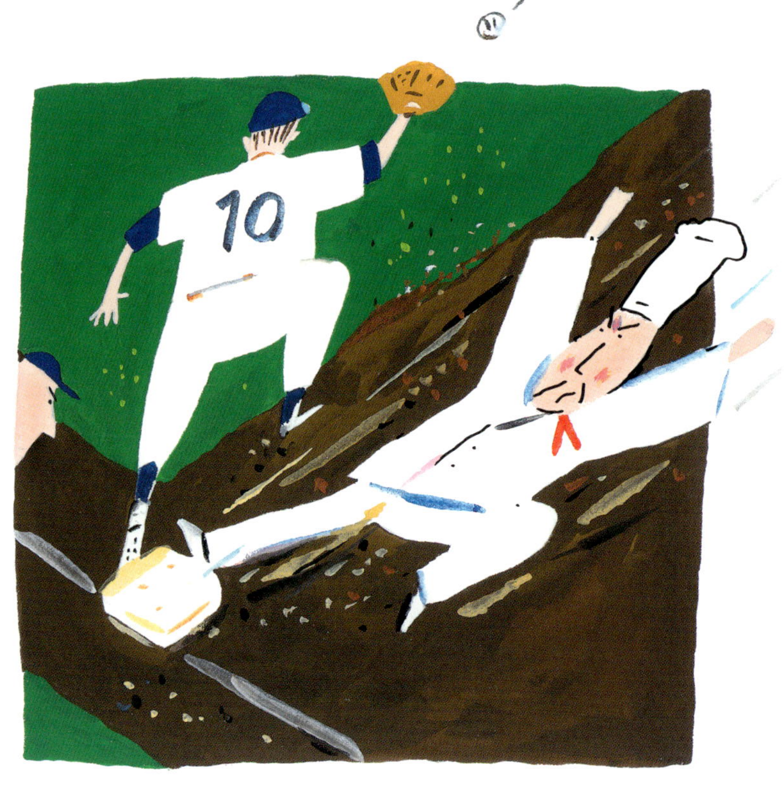

シェーフ！

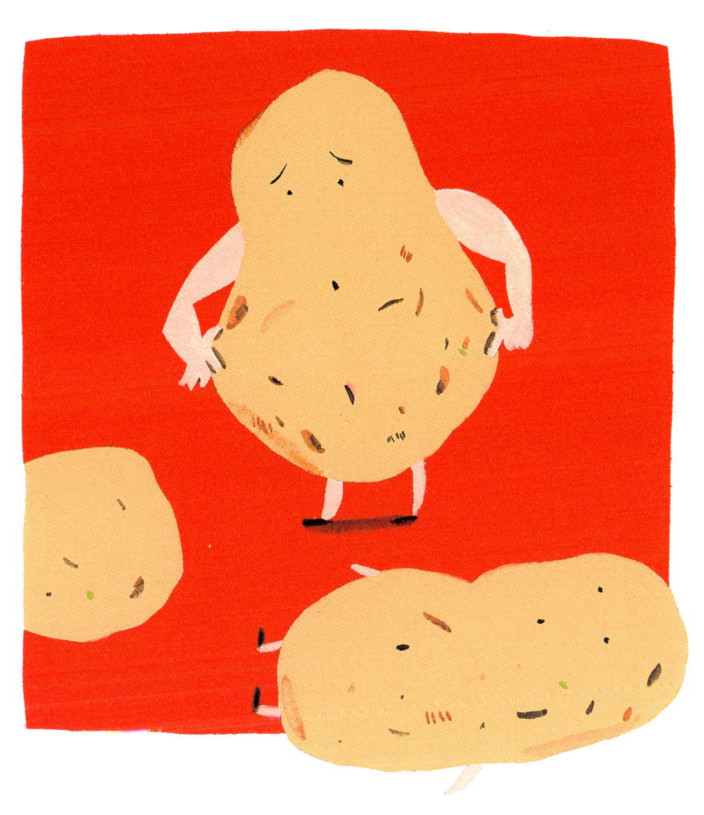

ポテッとしてる

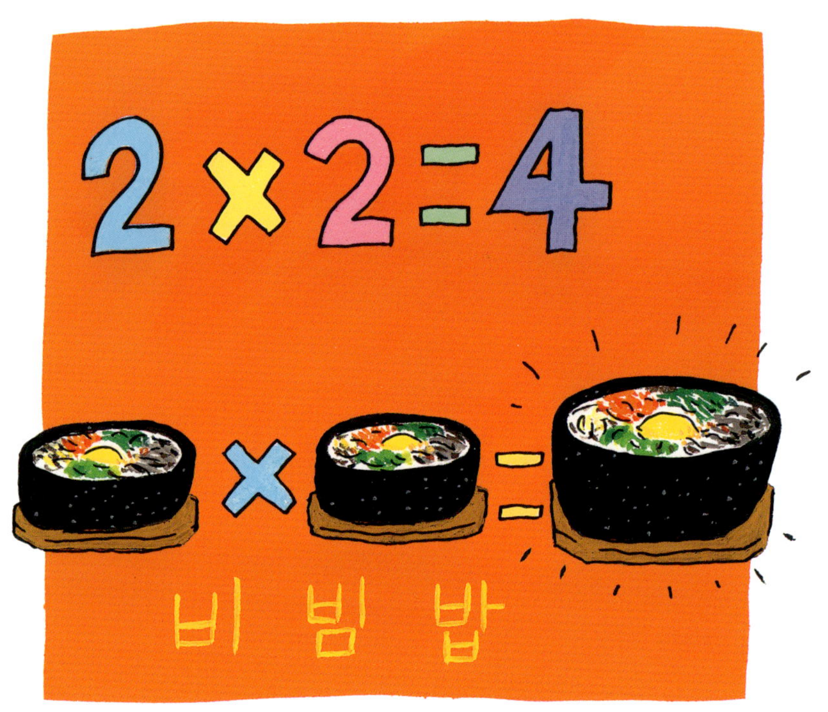

ににんがし ビビンバビ

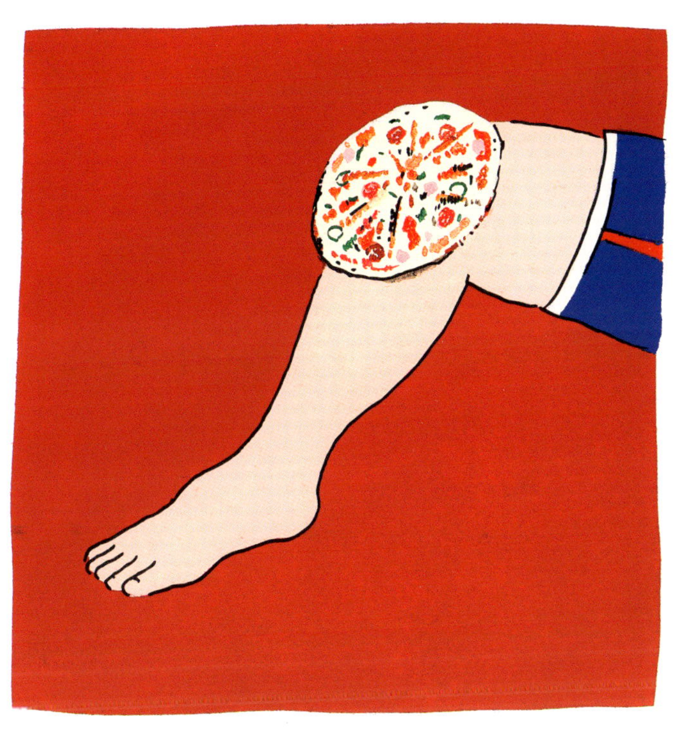

ピザっこぞう

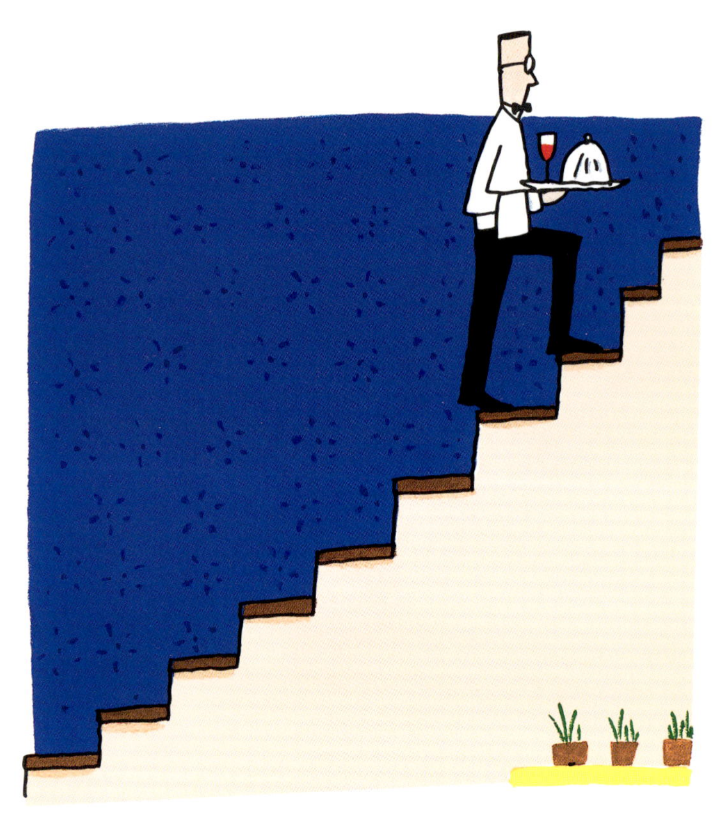

ウエ イッター

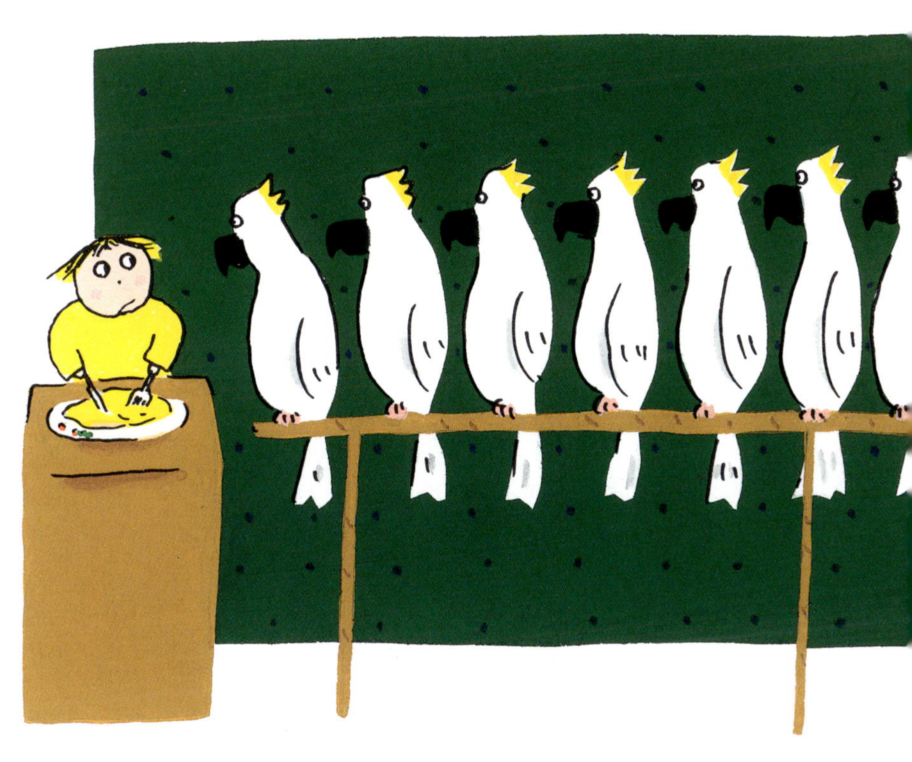

オウムレツ

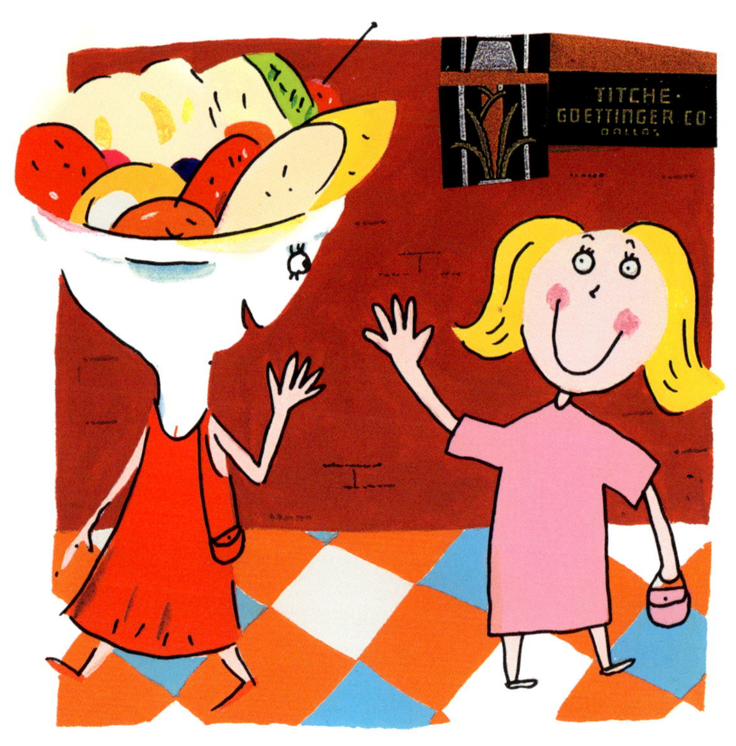

フルーツ アラ ドーモ

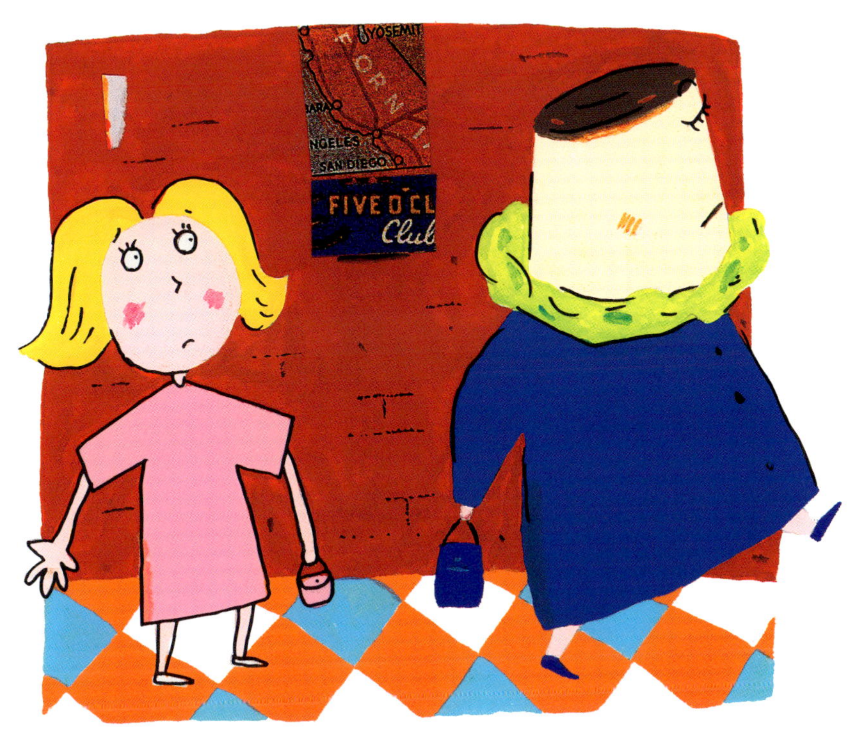

しらんプリン

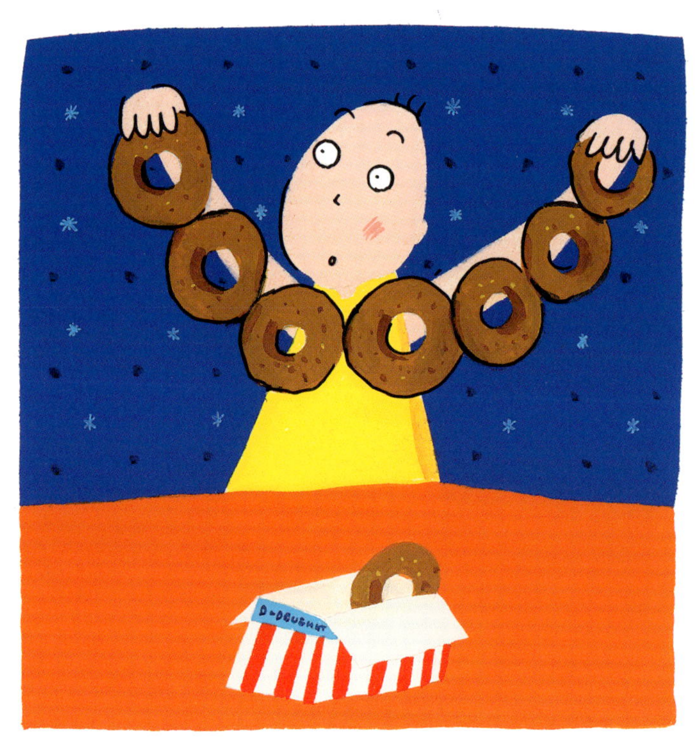

ドーナッてるの?

中川ひろたか
1954.2.14　大宮生まれ
「中川ひろたかグラフィティ」
絵本
「わりとけっこう」
「だじゃれえほん」シリーズ
「さつまのおいも」
「あくび」
「わにのスワニー」
「ないた」
「あんよあんよ」
CD
「うたのパレット」（ソングレコード）
「カラフル」（ソングレコード）など。

高畠　純
1948.6.18　名古屋生まれ
「ピースランド」
「おとうさんのえほん」
「よこむいて にこっ」
「おどります」
「だじゃれえほん」シリーズ
「ひなたぼっこです」
「すいかのたび」
「えっちらおっちら日本だじゃれ旅」
「どっちもね」
「わんわん わんわん」
「ワニぼうのこいのぼり」
「オー・スッパ」など。

だじゃれレストラン
発行年月●2007年８月初版
　　　　　2015年１月５刷
文●中川ひろたか
絵●高畠　純
発行●絵本館
〒167-0051　東京都杉並区荻窪5-16-5
TEL.03（3391）1531　FAX.03（3391）1533
http://www.ehonkan.co.jp/
印刷・製本●萩原印刷株式会社
NDC913　32p.　169×139mm
ISBN978-4-87110-165-3　C8793